REINHARD ABELN

Wo wohnt der liebe Gott?

Illustriert von Tizia Hula

kbw bibelwerk

INHALT

Liebe Eltern, Großeltern
und alle, die mit Kindern zu tun haben!

„Hat Gott die ganze Welt gemacht?" – „Hat jeder Mensch einen Schutzengel?" – „Kann Gott mich überall hören?" – „Warum müssen so viele Menschen hungern?" – „Gibt es ein Leben nach dem Tod?"

Wer kennt nicht solche und ähnliche Fragen seiner Kinder (Enkel) nach dem Glauben und wer muss nicht – wenn er ehrlich ist – zugeben, dass er diesen Fragen oft ratlos gegenübersteht. Viele sind verunsichert und trauen sich nicht, mit ihren Jungen und Mädchen über Gott und den Glauben zu sprechen.

Dieses Buch gibt auf von Kindern häufig gestellte Glaubensfragen konkrete Antworten. Die sprachlich einfachen Texte wollen eine Hilfe sein, mit Kindern im Vorschul- und Grundschulalter über Gott und Kirche, Leben und Tod, Glauben und Religion zu reden. Wer mit Vorschul- und Grundschulkindern zu tun hat, kann ihnen aus diesem Buch immer wieder vorlesen. Die älteren Kinder können selbst darin lesen. Schön ist es, wenn Erwachsene ihnen das, was sie nicht verstanden haben, erklären können. Die Kinder sind dankbar für die Zeit, die man ihnen schenkt.

Mein Wunsch ist, dass dieses Buch dazu beiträgt, Kinder mit ihren Fragen in Sachen Glauben ernst zu nehmen und zusammen mit ihnen zu erleben, wie bereichernd es ist, mit Gott durchs Leben zu gehen.

Reinhard Abeln

Wer ist Gott?

Gott – gibt es ihn überhaupt?

Manche Menschen sagen: „Für mich gibt es nur das, was ich sehen kann. Gott kann ich nicht sehen, also gibt es ihn nicht.“ Ob diese Menschen schon einmal darüber nachgedacht haben, dass viele Dinge vorkommen, die wir nicht sehen können, die es aber trotzdem gibt?

Nehmen wir nur einmal die Luft. Wir können sie nicht sehen, aber es gibt sie trotzdem. Die Luft trägt z. B. die leichten Schmetterlinge und die schweren Düsenflugzeuge. Die Luft sorgt dafür, dass das Feuer nicht erlischt. Die Luft schleppt die vielen Wolken heran, die uns den Regen bringen. Die Luft trägt unsere Sprache; ohne sie könnten wir nicht miteinander reden. Die Luft ermöglicht uns, dass wir atmen können.

So ähnlich wie mit der Luft ist es auch mit Gott. Wir können ihn nicht sehen, aber es gibt ihn trotzdem. Viele Menschen sagen, dass sie Gott erfahren haben: Sie bekamen plötzlich Hilfe, als ihnen niemand mehr helfen konnte. Sie wurden geheilt, obwohl die Ärzte schon alle Hoffnung aufgegeben hatten. Sie erlebten, wie sich Menschen, die sich überhaupt nicht leiden mochten, wieder miteinander vertragen haben.

Die Bibel erzählt, wie das Volk Israel Gott erfahren hat. Sie erzählt von Abraham, von Mose und von den Propheten. Sie erzählt auch von Jesus, der uns gezeigt hat, dass Gott alle Menschen liebt. Darum hat Jesus zu Gott „Abba" – „lieber Vater" – gesagt. Auch wir können Gott finden und erfahren. Wir müssen nur die Augen aufmachen und genau hinsehen und hinhören.

Wie ist der Name Gottes?

Vor ganz langer Zeit hat Moses den Namen Gottes erfahren. Und das geschah so: Das Volk der Israeliten war in Ägypten in der Gefangenschaft. Dort mussten sie als Sklaven schwere Arbeiten verrichten. Sie bekamen von den Aufsehern Fußtritte und Schläge mit der Peitsche. In ihrer Not beteten die Israeliten zu Gott und baten um Hilfe.

Gott erhörte ihre Klagen. Er wählte Moses, einen Schafhirten, aus, damit er die Israeliten von Ägypten in ein anderes Land führe. Gott erschien Moses in einem brennenden Dornbusch und gab ihm den Auftrag. Da fragte Moses: „Was soll ich denn den Leuten sagen, wenn sie mich fragen, wer du bist und wie du heißt?" Gott antwortete ihm: „Ich bin der, der immer bei euch und für euch da ist."

Das also ist der Name Gottes. Gott hat dies den Israeliten auch bewiesen. Er begleitete das Volk auf dem ganzen Zug durch die Wüste – von Ägypten bis ins Land Israel. Gott war immer da, wenn das Volk in irgendeiner Not war. Selbst wenn die Menschen Fehler machten oder gegen Gott schimpften – immer konnten sie zu Gott zurückkommen. Gott war immer bei ihnen und für sie da.

Genauso ist Gott auch zu uns heute. Niemand hat ihn gesehen. Niemand kann beschreiben, wie er aussieht: keiner von uns. Was wir aber wissen, ist, dass Gott immer bei uns und für uns da ist. Er begleitet uns – egal, ob wir froh oder traurig, krank oder gesund, zu Hause oder draußen sind. Deswegen wollen wir seinen Namen heilig und in Ehren halten. Mit Jesus wollen wir beten: „Geheiligt werde dein Name."

Wie sieht der liebe Gott aus?

Ich kann dir nicht sagen, wie der liebe Gott aussieht. Das kann überhaupt niemand sagen. Denn noch nie hat ein Mensch Gott gesehen. Gott ist nicht sichtbar wie du und ich oder wie alles andere, was er für uns gemacht hat: Sonne, Mond und Sterne, Tiere und Pflanzen, die Erde und das Meer. Gott ist anders und mächtiger als alles, was wir sehen können.

Gott ist kein Mensch, kein Tier, kein Stern und kein Vulkan. Er hat das alles erschaffen und erhält es am Leben. Unsere Augen, mit denen wir die Blumen, die Wolken und die Menschen sehen können, sind nicht dafür geeignet, Gott zu sehen. Wir werden aber einmal Gott sehen, wenn wir nach unserem Tod zu ihm kommen und für immer bei ihm leben dürfen.

Auch im Gottesdienst ist Gott nicht zu sehen. Wir gehen aber in die Kirche, um Gottes Wort zu hören und um mit Gott zu sprechen. Gott lädt uns immer wieder zu sich in sein Haus ein, damit wir ihn nicht vergessen und die Freundschaft mit ihm halten. Wenn wir das tun, dann können wir seine Nähe spüren.

Wir können also Gott nicht sehen und wissen nicht, wie er aussieht. Was wir aber wissen, ist, dass Gott uns Menschen sehr lieb hat. Auch wenn wir ihn nicht sehen können, kann er uns allen sehr nahe sein. In der Bibel gibt es schöne Beispiele dafür, wie lieb Gott die Menschen hat. Auch dich hat Gott ganz lieb. Er möchte, dass du froh und glücklich bist. Deshalb schaut er gern auf das, was du tust, und hört dir gern zu, wenn du mit ihm sprichst. Gott freut sich an dir.

Wer ist Gottvater?

In unseren Kirchen finden wir verschiedene Bilder von Gott. Darauf ist Gott oft als Vater dargestellt. Wir denken dabei an den großen Gott im Himmel, der uns erschaffen und zu seinen Freunden gemacht hat. Alles, was wir auf unserer schönen Welt sehen, kommt von ihm. Keiner ist so gut zu uns Menschen wie er.

Im schönsten Gebet der Kirche sprechen wir: „Vater unser im Himmel, geheiligt werde dein Name. Dein Reich komme, wie im Himmel so auf Erden ..." Dieses Gebet hat uns Jesus gelehrt. Es wäre schön, wenn wir es immer wieder gemeinsam beteten.

Gott ist wie ein guter Vater zu uns. Und wie ist ein guter Vater? Die Kinder freuen sich, wenn er abends nach Hause kommt. Manchmal bringt er ihnen etwas mit. Manchmal nimmt er gleich an der Tür den kleinen Felix auf die Schultern und lässt ihn reiten. Brigitte schleppt ihm den kaputten Roller entgegen, damit er ihn repariert.

Aber zuerst muss er noch Cornelia bei den Rechenaufgaben helfen. Und nach dem Abendessen kümmert er sich noch um die kleine Christine, denn sie kann das „Märchen vom Mann im Mond" noch nicht allein zu Ende lesen.

Gott sorgt für uns, wie ein guter Vater für seine Kinder sorgt. Er weiß, was wir brauchen, und will, dass wir froh und glücklich sind. Wir können ihn um Hilfe bitten.
Er liebt uns und freut sich, wenn auch wir ihn lieb haben.
Wir sollten ihm für alles danken, was er für uns tut.

Hat Gott die ganze Welt gemacht?

Ja – und das ging so: Zuerst machte Gott Himmel und Erde. Die Erde war aber noch ganz leer und dunkel. Da sagte Gott: „Es soll Licht sein auf der Erde!" Und er machte den Tag und die Nacht. Dann machte Gott den blauen Himmel und die weißen Wolken. Er gab dem Meer und dem trockenen Land ihren Platz auf der Erde. Er ließ Bäume, grüne Pflanzen und viele bunte Blumen auf der Erde wachsen. Darauf machte Gott die Sonne, den Mond und die Sterne. Dann sagte Gott: „Es sollen Tiere sein auf der Erde!" Zuerst machte er alle Tiere, die im Wasser leben, dann die Vögel mit ihren bunten Federn und Flügeln. Darauf folgten die anderen Tiere.

Zuletzt machte Gott den Menschen. Er machte einen Mann und eine Frau. Den Mann nannte er Adam und die Frau Eva. Gott sagte zu ihnen: „Ich schenke euch alles, was ich gemacht habe. Ihr sollt euch darum kümmern."

Warum glauben wir?

Glauben alle Religionen an Gott?

Viele Menschen verehren einen Gott oder ein göttliches Wesen. Christen verehren den einen Gott, der Himmel und Erde geschaffen hat. Die Muslime nennen ihn Allah. Bei den Juden trägt er den Namen Jahwe.

Die Menschen in diesen Religionen beten zu ihrem Gott. Sie haben Schriften, die von ihm erzählen. Sie bauen Häuser, in denen sie sich versammeln, um Gott zu verehren. Christen nennen diese Häuser Kirchen.

Die Bezeichnung „Kirche" wird auch verwendet für die Angehörigen der christlichen Religion. Die Kirche ist das Volk Gottes. Gott hat dieses Volk auserwählt aus allen Stämmen und Nationen der Erde.

Die Angehörigen aller Religionen bemühen sich heute, einander näher kennen zu lernen und besser zu verstehen. Manchmal kommen sie auch zusammen, um miteinander zu beten.

In einem kleinen Gedicht heißt es: „Gottes Sonne leuchtet allen. Gott liebt jedes Menschenkind.
Alle Völker dieser Erde eins in
Gottes Liebe sind."

Warum glauben Christen gemeinsam?

Kein Mensch kann ganz allein glauben. Er kann auch nicht allein leben. Jeder braucht andere, die ihm beistehen und helfen.

Ohne Eltern, Großeltern, Geschwister, Freunde und Spielkameraden wäre dein Leben einsam. Du brauchst den Umgang mit anderen Menschen, um selber glücklich zu sein. Schon im ersten Buch der Bibel steht geschrieben: „Es ist nicht gut, dass der Mensch allein sei."

Auch Jesus hat nicht allein gelebt. Er hat sich Freunde gesucht. Er hat sie eingeladen, mit ihm zusammen zu leben. Seine Freunde sind mit ihm im Land umhergezogen und haben anderen Menschen von dem Weg erzählt, den sie gehen müssen, um Gott zu finden. Viele Menschen haben sich ihnen angeschlossen. Sie nannten sich Christen, weil sie so leben wollten wie Jesus.

Christen leben in Gemeinschaften, in Gemeinden. Das war früher so. Das ist heute nicht anders. In diesen Gemeinschaften helfen Christen einander, den Weg zu Gott zu gehen. Vielleicht kennst du einige Christen, die zu deiner Gemeinde gehören: den Pfarrer, den Diakon, den/die Gemeinde-, Pastoralreferent/in, den Mesner, den Organisten?!

Wozu gibt es die Zehn Gebote?

Die Zehn Gebote wollen uns sagen, wie wir gut und glücklich leben können. Sie sind so etwas wie Wegweiser, wie Hinweisschilder. Sonst können wir schnell vom richtigen Weg abkommen und uns verlaufen.

Gott will uns mit den Zehn Geboten zeigen, was richtig und was falsch ist. Die Zehn Gebote sind wie Worte eines guten Freundes, der uns sagen möchte, wie wir Gott und die Menschen lieben sollen.

Die ersten drei Gebote beziehen sich auf die Liebe zu Gott. Das vierte bis zehnte Gebot redet von der Liebe zu den Mitmenschen. Im vierten Gebot heißt es zum Beispiel, dass Kinder ihre Eltern „ehren" sollen. Das bedeutet: Die Kinder sollen gut zu ihren Eltern sein, sie achten und ihnen für ihre Fürsorge und Hilfe danken.

Wer auf Gottes Gebote hört, das heißt, wer Gott und seinen Nächsten liebt, ist auf dem richtigen Weg. In einem kleinen Gedicht heißt es: „Gott ist mein guter Vater, ich sein geliebtes Kind. Ich hör auf seine Worte, dass ich durchs Leben find."

Warum glauben viele Menschen nicht an Gott?

Es ist nicht einfach, darauf kurz und bündig zu antworten. Denn es gibt fast so viele Gründe, wie es Menschen gibt. Viele glauben deswegen nicht an Gott, weil ihre Eltern sie nicht zum Glauben geführt haben. Eltern, die ihren Kindern nichts von Gott erzählen, glauben oft selbst nicht an ihn oder wissen so wenig, dass sie lieber nicht darüber sprechen.

Andere Menschen haben in ihrem Leben irgendetwas Schweres erlebt. Sie haben vielleicht in einem Krieg oder bei einem schweren Verkehrsunfall einen lieben Menschen verloren. Sie können nicht begreifen, warum das passiert ist und warum Gott das zugelassen hat. Deshalb glauben sie nicht mehr an ihn und wollen nichts mehr mit ihm zu tun haben.

Die meisten Menschen glauben deswegen nicht an Gott, weil sie den ganzen Tag mit anderen Dingen beschäftigt sind. Sie nehmen sich gar keine Zeit

mehr, um an Gott zu denken. Sie denken nur noch daran, wie sie noch mehr Geld verdienen und sich noch mehr leisten können. Und so verlieren diese Menschen immer mehr die Verbindung zu Gott.

Wir sollten jeden Tag dafür dankbar sein, dass wir an Gott glauben dürfen. Wer an Gott glaubt, darf zufrieden und glücklich sein. Mit Gott ist das Leben viel schöner als ohne Gott. Selbst wenn kein Mensch etwas von mir wissen wollte, Gott lässt mich niemals im Stich. Er schenkt mir täglich seine Liebe.

Warum glauben wir an Schutzengel?

Immer haben die Menschen an Schutzengel geglaubt. Schon die frühen Christen glaubten, dass jeder Mensch einen eigenen Engel hat, der ihn ein Leben lang begleitet, mit seiner Hut und Fürbitte umgibt, ihn zum Guten anhält und ihn vor Gefahren beschützt.

Die Bibel berichtet immer wieder von Engeln, die den Menschen begleiten: Ein Engel, der sich Rafael nennt, begleitet den jungen Tobias auf seiner Reise und tut ihm und seiner Familie viel Gutes. Ein Engel rettet Daniel, der in die Löwengrube geworfen wird, vor dem Tod. Ein Engel befreit Petrus aus dem Gefängnis.

Seit fünf Jahrhunderten gibt es ein Schutzengelfest, das die Kirche am 2. Oktober feiert. Viele beten zu ihrem Schutzengel und bitten um seinen Beistand.

Wer ist Jesus?

Warum wurde Jesus in einem Stall geboren?

Diese Frage haben sicher schon die drei Sterndeuter gestellt. Sie kamen aus dem Osten nach Jerusalem und fragten im Palast von König Herodes nach, ob hier der angekündigte „König der Juden" geboren sei. Sie dachten, Jesus sei bestimmt in einem ganz vornehmen Haus zu finden und liege hier in einer vergoldeten Wiege auf Samt und Seide. Aber die Sterndeuter hatten sich getäuscht.

Sie entdeckten Jesus nicht im königlichen Palast in Jerusalem. Sie zogen weiter und fanden das neugeborene Kind mit Maria und Josef in einem ärmlichen Stall in Betlehem. Hier lag der kleine Jesus – in Windeln gewickelt – in einer Futtergrippe, aus der sonst die Tiere fraßen.

Jesus war also das Kind armer Leute und deshalb kam er auch so „ärmlich" zur Welt. In seinem ganzen Leben blieb dann Jesus ein großer Freund allen armen Menschen. Er ging vor allem zu den Leuten, die keiner recht leiden konnte oder die allein oder krank waren. Zu ihnen war er besonders lieb und freundlich und half ihnen. Jesus hatte ein großes Herz für die Menschen, die Kummer hatten und traurig waren.

Die ersten Besucher, die zu Jesus in den Stall kamen, waren die Hirten. Auch sie waren arme Leute wie die meisten Menschen damals in der Gegend. Sie trugen keine vornehmen Kleider und rochen nicht nach teurem Parfum. Sie besaßen nur ihre Schafe und hatten vielleicht noch ein bisschen Schafmist an den Schuhen, als sie in den Stall kamen.

Was hat der Fisch mit Jesus zu tun?

Manchmal siehst du hinten an den Autos einen Aufkleber, auf dem ein Fisch abgebildet ist. Der Fahrer des Autos will uns mit diesem Zeichen sagen: Ich bin ein Christ. Der Fisch ist das Zeichen der ersten Christen für Jesus Christus. Fisch heißt auf Griechisch ICHTYS. Jeder Buchstabe steht für ein griechisches Wort. Übersetzt heißt der daraus entstehende Satz:
Jesus Christus, Sohn Gottes,
Retter der Welt.

In der Bibel spielen Fische in wichtigen Erzählungen eine Rolle. So wird berichtet, wie Jesus einmal den Leuten, die

ihm bis zum Abend zuhörten, Brot und Fische zu essen gegeben hat. Es waren damals fünftausend Menschen da. Die Jünger von Jesus aber hatten nur fünf Brote und zwei Fische. Das konnte für so viele Leute nicht reichen.

Da sagte Jesus zu den Jüngern: „Die Leute sollen sich ins Gras setzen." Nun nahm er die fünf Brote und die zwei Fische, schaute zum Himmel und sprach ein Dankgebet. Darauf brach er das Brot und ließ Brot und Fische an die Leute austeilen. Und dann geschah das Wunder: Alle aßen davon und wurden satt. Danach sammelten die Jünger die Reste, die vom Essen übrig blieben, in Körbe ein. Zwölf Körbe konnten sie damit füllen (Markus 6,30-44).

An anderer Stelle berichtet die Bibel vom reichen Fischfang des Petrus und seiner Gefährten auf dem See Gennesaret. Jesus hatte die Fischer auf den See hinausgeschickt, obwohl sie in der Nacht vorher nichts gefangen hatten. Doch diesmal fingen sie so viele Fische, dass ihre Netze fast zerrissen wären. Nach dem großen Fischfang gingen die Männer mit Jesus und wurden seine Jünger (Lukas 5,1-11).

Will Jesus, dass wir immer „lieb“ sind?

Nein, man muss nicht immer brav sein. Manche Leute meinen zwar, dass Christen immer lieb sein müssen. Aber selbst Jesus war das nicht. In der Bibel steht eine Geschichte, die uns zeigt, dass Jesus auch wütend und zornig werden konnte, wenn es mal notwendig war (Matthäus 21,12-17).

Eines Tages ging Jesus in den Tempel. Dort waren viele Käufer und Händler, die ihre Waren verkauften. Als Jesus sie sah, wurde er wütend. Er trieb alle aus dem Gotteshaus hinaus und warf die Tische und Stände der Geldwechsler und Taubenverkäufer um. Er erlaubte auch nicht, dass jemand irgendetwas durch den Tempel trug. Dann sagte er zu den Leuten: „In den heiligen Schriften steht geschrieben, dass der Tempel, das Haus Gottes, eine Stätte sein soll, in der man beten kann. Ihr aber habt es zu einer Räuberhöhle gemacht."

Zum Leben gehört Mut. Das gilt auch und gerade für einen Christen. Er darf nicht einfach nur zusehen, wenn ein Stärkerer einem Schwächeren Schaden zufügt.
Du kennst das selber vom Schulhof her. Wenn zum Beispiel ein Schüler aus der fünften Klasse einem Erstklässler das Pausenbrot wegnimmt und alle anderen Kinder stehen daneben und johlen, dann gefällt das Jesus nicht. Jesus ist ein Freund derer, die etwas tun und anderen helfen. Diejenigen, die nur zuschauen, mag er nicht.

„Jesus ist unser Licht" – was heißt das?

Im Dunkeln kann kein Mensch leben. Wir brauchen Licht, um besser sehen (oder gehen) zu können. Schon eine brennende Kerze bringt viel Licht in die Dunkelheit.

Am Lichtmesstag, den die Kirche am 2. Februar feiert, ziehen Kinder und Erwachsene mit brennenden Kerzen (die vorher geweiht wurden) durch das Gotteshaus und singen: „Jesus, du bist das Licht der Welt!" Das Lichtmessfest – die Kirche nennt es heute das Fest der Darstellung des Herrn" – erinnert uns daran, dass Jesus, als er vierzig Tage alt war, im Tempel von Jerusalem Gott geweiht wurde. Seine Eltern hatten ihn dorthin gebracht, weil es das Gesetz so verlangte. Zu dieser Zeit waren auch zwei sehr alte und fromme Leute im Tempel, Hanna und Simeon. Die beiden erkannten im Kind Jesus ihren „Retter" und „Erlöser". Sie nannten ihn das „Licht, das die Völker erleuchtet".

Licht ist ein Zeichen für Jesus Christus. Jesus ist das Licht, das jede Dunkelheit vertreibt. Wenn unser Herz finster ist, dann brauchen wir Jesus als Licht. Er hilft uns, dass wir – etwa nach einem Streit – wieder gut sind, dass es in uns wieder hell wird.

Warum starb Jesus am Kreuz?

Jesus hatte nicht nur Freunde, sondern auch viele Feinde. Zu ihnen gehörten besonders die mächtigen Männer bei den Juden: die Schriftgelehrten, die sich in der Bibel gut auskannten, und die Hohenpriester, die Jesus vorwarfen, er tue so, als ob er selbst Gott wäre. Sie beschlossen, Jesus gefangen zu nehmen und ihn zu töten.

Die Soldaten legten Jesus ein Kreuz auf die Schultern, das er auf den Berg Golgota tragen musste. Dort nagelten sie ihn ans Kreuz. Über seinem Kopf brachten sie ein Schild an, auf dem stand: „Das ist Jesus, der König der Juden."

Jesus litt große Schmerzen und starb. Aber Gott ließ ihn nicht im Stich. Er weckte ihn nach drei Tagen vom Tode wieder auf. Zu Ostern feiern wir die Auferstehung Jesu vom Tod.

Was steht in der Bibel?

Wovon erzählt uns die Bibel?

Die Bibel ist eines der ältesten Bücher der Menschheit. Man nennt sie auch die „Heilige Schrift" oder das „Buch der Bücher". Früher hat man die Texte der Bibel auf Papyrusrollen geschrieben, später – vor etwa 1000 Jahren – haben Mönche die Bibeltexte auf Pergament niedergeschrieben und mit wunderschönen Malereien verziert.

Heute gibt es die Bibel als gedrucktes Buch. Es gibt sie auch extra für Kinder erzählt. Die Bibel hat zwei große Teile: das Alte Testament und das Neue Testament. Das Alte Testament ist die Geschichte des Volkes Israel. Es finden sich darin wunderschöne Geschichten, zum Beispiel, wie David den Riesen Goliat besiegt hat oder wie Daniel aus der Löwengrube gerettet wurde. Das Alte Testament erzählt von Abraham, von Mose und von den Propheten. Im Neuen Testament ist das Leben von Jesus, dem Sohn Gottes, aufgeschrieben: von der Geburt in Betlehem bis zur Himmelfahrt in Betanien. Außerdem berichtet das Neue Testament darüber, was Jesus den Menschen von seinem Vater erzählt hat. Die schönsten Geschichten werden am Sonntag im Gottesdienst vorgelesen.

Die Bibel ist auf der ganzen Welt das Buch, das von allen Büchern am meisten gedruckt wurde. Außerdem ist es das einzige Buch, das in fast alle Sprachen der Welt übersetzt worden ist. Kinder, die noch nicht selber lesen können, sollten sich die schönsten Geschichten aus dem Alten und Neuen Testament von ihren Eltern, Großeltern und Erziehern vorlesen oder – was noch schöner ist – erzählen lassen.

Wie wurde Daniel vor den Löwen gerettet?

Eine Geschichte, die davon erzählt, wie Gott zu seinem Volk Israel steht, stammt aus dem Alten Testament (Daniel 6,2-29).

Eines Tages erließ König Darius dieses Gesetz: „Niemand im Land Babylon darf zu Gott beten. Alle müssen den König anbeten. Wer das nicht tut, wird in eine Grube mit Löwen geworfen!" Daraufhin beteten alle Leute zu König Darius. Nur ein Mann gehorchte nicht. Er hieß Daniel und war ein Berater des Königs. Dreimal am Tag kniete er nieder und betete zu Gott.

Als die Diener des Königs das sahen, gingen sie zum König und sagten: „Großer König, Daniel gehorcht deinem Gesetz nicht. Er betet zu seinem Gott und nicht zu dir. Sollen wir ihn vor die Löwen werfen?" König Darius war darüber sehr traurig. Denn er mochte Daniel und wusste, dass er ein guter Mensch war. Aber das Gesetz musste eingehalten werden.

Der König ließ Daniel zu sich kommen und sagte: „Daniel, möge dein Gott, zu dem du so oft betest, dich vor den Löwen schützen!" Dann wurde Daniel zu den hungrigen Löwen geworfen. Am nächsten Morgen ging der König zur Löwengrube und rief: „Daniel hat dir dein Gott geholfen?" Da hörte er Daniel sagen: „Ja, mein König. Mein Gott hat mir seinen Engel gesandt. Deshalb konnten die Löwen mir nichts tun!" Jetzt freute sich der König. Er ließ ein neues Gesetz machen, in dem stand: „Alle Leute in Babylon sollen wie Daniel zu Gott beten. Denn Gott hat Daniel geholfen. Er ist ein großer und mächtiger Gott!"

Warum wurde der Priester Zacharias plötzlich stumm?

Eine andere Geschichte aus dem Neuen Testament im Evangelium des Lukas (1,5-25) erzählt uns davon, dass Gott den Menschen eine Zukunft gibt, auch wenn die Lage hoffnungslos scheint.

Im Land der Juden lebte der Priester Zacharias mit seiner Frau Elisabet. Beide waren schon sehr alt. Ihr Wunsch, Kinder zu bekommen, hatte sich nicht erfüllt. Darüber waren sie sehr traurig. Oft hatten sie sich im Gebet an Gott gewandt und ihm gesagt: „Lieber Gott, schenk uns doch ein Kind!"

Eines Tages ging Zacharias in den Tempel von Jerusalem, um dort zu beten. Plötzlich stand neben ihm ein Engel. Zacharias bekam einen großen Schreck. Aber der Engel sagte zu ihm: „Fürchte dich nicht, Zacharias! Gott schickt mich zu dir. Er hat euer Gebet erhört. Bald werdet ihr ein Kind bekommen. Ihr sollt es Johannes nennen. Er wird den Weg vorbereiten, wenn Jesus auf die Welt kommt."

Zacharias sagte zu dem Engel: „Wie soll ich das glauben? Meine Frau Elisabet und ich – wir sind schon viel zu alt. Wir bekommen keine Kinder mehr." Darauf erwiderte der Engel: „Ich heiße Gabriel und bin ein Engel, der am Throne Gottes steht. Gott hat gesagt, dass ihr ein Kind bekommt. Weil du aber meinen Worten nicht glaubst, kannst du von jetzt an nicht mehr sprechen. Du sollst stumm bleiben bis zu dem Tag, an dem das Kind geboren wird."

Darauf kehrte Zacharias nach Hause zurück. Kurze Zeit später merkte Elisabet, dass sie ein Kind erwartete. Darüber freute sie sich sehr und sagte: „Gott hat mich nicht vergessen!"

Warum kletterte Zachäus auf einen Baum?

Die folgende Erzählung aus dem Neuen Testament zeigt auf, dass Gott auf der Seite der Armen, Sünder und Ausgestoßenen steht.

Zachäus, so erzählt die Bibel im Lukasevangelium (19,1-9), war ein reicher Mann in Jericho. Er war ein Steuereinnehmer, aber er war nicht ehrlich. Er verlangte von den Leuten zuviel Geld und behielt es für sich selber. Die Menschen in Jericho kannten ihn alle, aber niemand mochte ihn. Eines Tages kam Jesus mit seinen Jüngern nach Jericho. Zachäus hatte schon viel von ihm gehört und es war sein größter Wunsch, ihn nun auch einmal kennen zu lernen. Weil Zachäus sehr klein war, kletterte er auf einen hohen Baum, um Jesus sehen zu können. Jesus schaute im Vorübergehen zu Zachäus hinauf und sagte zu ihm: „Steig schnell vom Baum herunter! Ich will dich heute in deinem Haus besuchen!" Die Leute, die am Straßenrand standen, ärgerten sich darüber und murrten: „Bei einem Sünder kehrt er ein!"

Zachäus freute sich riesig über den Besuch und sagte zu Jesus: „Herr, ich weiß, dass ich kein guter Mensch bin. Aber ich will mich ab heute bessern. Die Hälfte von allem, was ich habe, will ich den Armen geben. Und wenn ich jemanden betrogen habe, will ich es ihm vierfach zurückgeben!" Jesus sah Zachäus freundlich an und antwortete ihm: „Das Heil Gottes ist heute in dein Haus gekommen!" Zachäus war sehr glücklich. Er hatte jemanden gefunden, der ihn mochte und der ihm half, gut zu sein. Und so fing er an, ein neues Leben zu führen und alles für Gott zu tun.

Warum wusch Jesus seinen Jüngern die Füße?

Weil er sie lieb hatte und wollte, dass auch sie einander lieben sollten. Die Bibel erzählt darüber Folgendes (nach Johannes 13,1-20): Jesus saß mit seinen Jüngern beim Abschiedsmahl zusammen. Plötzlich stand er auf, goss Wasser in eine Schüssel und fing an, jedem seiner Jünger die Füße zu waschen. Als Jesus zu Petrus kam, sagte dieser: „Du, Herr, willst mir die Füße waschen?" Jesus antwortete ihm: „Was ich tue, verstehst du jetzt noch nicht." Petrus wehrte sich: „Nie und nimmer sollst du mir die Füße waschen." Jesus antwortete ihm: „Wenn ich dich nicht wasche, kannst du nicht zu mir gehören." Da sagte Petrus: „Wenn das so ist, dann wasche nicht nur meine Füße, sondern auch meine Hände und das Haupt."

Als Jesus fertig war, sagte er: „Ich habe euch jetzt die Füße gewaschen und mich zu eurem Diener gemacht. So sollt auch ihr es machen. Dann werdet ihr selig sein."

Warum gehen wir in die Kirche?

Wozu brauchen wir eine Kirche?

Die Kirche ist das Haus Gottes, das Menschen – oft unter großen Mühen – aus Stein oder Holz gebaut haben. Es gibt große und kleine Gotteshäuser. Die großen nennt man Dome, Münster oder Kathedralen, die kleinen Kapellen. Jede von ihnen hat einen eigenen Namen, zum Beispiel Sankt Josef, Sankt Martin, Sankt Georg, Maria Königin oder Heilige Dreifaltigkeit. Eine Kirche erkennt man unter anderem daran, dass sie ein Kreuz oder einen Hahn auf dem Dach hat. Das Kreuz erinnert uns an Jesus Christus, der aus Liebe zu uns in den Tod gegangen ist und uns in der Kirche ganz besonders nahe sein will. Der Hahn ist ein sehr wachsames Tier und erinnert uns daran, auch immer wachsam zu sein und Jesus in unserem Leben nie zu vergessen.

Wir sind eingeladen, zum Gottesdienst in die Kirche zu kommen und Jesus zu besuchen. Jesus wartet in seinem Haus auf uns. Er will uns hier in ganz inniger Weise begegnen. Hier können wir auf sein Wort hören und ihn bitten, er möge immer bei uns bleiben. Im Haus Gottes wird gesungen und gebetet – für alle Menschen, die auf der Welt leben, aber auch für die, die schon gestorben sind.

Wenn kein Gottesdienst ist, ist es in der Kirche ganz still. Immer wieder kommen dann Menschen, die diese Stille suchen und die ganze Welt mit ihren Geräuschen draußen lassen wollen. Hier können sie in Ruhe mit Gott sprechen und ihm alles sagen, was ihnen auf dem Herzen liegt. In der Stille des Gotteshauses können sie überlegen, wie es mit ihrem Leben in Zukunft weitergehen soll.

Warum läuten die Glocken?

Im Turm der meisten Kirchen hängen große, schwere Glocken. Viele Kirchen haben zwei Glocken. Es gibt aber auch Kirchen, die drei oder vier Glocken haben. Ganz kleine Gotteshäuser besitzen nur eine einzige Glocke. Glocken sind Metallgefäße, die beim Anschlagen des Pendels läuten. Ganz früher benutzte man zunächst in den Klöstern Schlaghölzer. Dann erfand man kleine Glocken. Um das Jahr 800 herum hatten sich diese dann überall – in Stadt und Land – verbreitet.

Glocken läuten vor allem an Sonntagen. Sie erinnern uns daran, dass wir zum Gottesdienst kommen sollen, um dort mit Gott zu sprechen und ihn zu loben und zu preisen. Die Glocken rufen uns zu: „Kommt zur Kirche, kommt alle! Gott wartet auf euch! Er will mit euch in seinem Haus zusammen sein!" Ferner läuten Glocken, wenn sie Menschen zu Hause zum Beten einladen wollen. Glocken läuten auch, wenn sie Freude oder Trauer zum Ausdruck bringen wollen, etwa bei einer Prozession, bei

hohen Festen, wenn der Priester mit den Ministranten feierlich in die Kirche einzieht oder bei kirchlichen Bestattungen mit einem Trauergottesdienst. Auch bei drohenden Unwettern läuten mancherorts die Glocken.

Wie wichtig Glocken sind, zeigt sich unter anderem daran, dass sie eigens für ihren Dienst gesegnet werden, oft vom Bischof selbst. Glocken nennt man auch die „Stimme des Himmels". Sie sagen uns, „was es geschlagen hat". Wir wollen uns gern von ihnen rufen und zum Beten einladen lassen.

Warum brennt in der Kirche ein rotes Licht?

Das rote Licht, das du in der Kirche siehst, brennt neben oder über dem Tabernakel. Es ist eine Öllampe, die immer brennt. Sie brennt nicht nur am Tage, sondern auch in der Nacht. An jedem Tag in der Woche – am Montag, Dienstag, Mittwoch, Donnerstag, Freitag,

Samstag und Sonntag – siehst du dieses Licht in der Kirche. Darum nennen wir es auch das Ewige Licht. Die anderen Lichter in der Kirche, die vielen elektrischen Lampen und auch die Kerzen, werden nur für den Gottesdienst angezündet. Sie geben Licht und Wärme. Sie gehören zu jedem Fest, und jeder Gottesdienst ist ein Fest. Nach dem Gottesdienst werden sie wieder ausgemacht. Das Ewige Licht am Tabernakel aber brennt weiter. Und das hat eine besondere Bedeutung.

Das Ewige Licht erinnert uns daran, dass Jesus im Tabernakel in der Gestalt des Brotes anwesend ist. Der Tabernakel ist aus Gold oder Silber und meistens schön verziert. Wenn der Priester die Tür des Tabernakels aufmacht, sieht man die Schale, in der das heilige Brot liegt.

Jesus ist gegenwärtig in der kleinen Scheibe Brot, in der Hostie. Bei der Kommunion in der heiligen Messe bekommen die Menschen davon zu essen. Anschließend wird das heilige Brot wieder in den Tabernakel zurückgebracht. Vor dem Tabernakel machen wir eine Kniebeuge. Damit grüßen und ehren wir Jesus. Wir danken ihm, dass er bei uns ist.

Woran erinnert die heilige Messe?

Die heilige Messe erinnert an das Letzte Abendmahl, das im Neuen Testament im Matthäusevangelium geschildert wird (26,17-19.26-28): Bevor Jesus starb, hat er seine Jünger in Jerusalem zu einem Festmahl eingeladen. Er aß mit ihnen Brot und trank mit ihnen Wein. Zunächst gab Jesus seinen Jüngern das Brot. Dabei sagte er zu ihnen: „Nehmet und esset alle davon: Das ist mein Leib, der für euch hingegeben wird." Dann gab Jesus seinen Jüngern den Kelch mit Wein und sagte: „Nehmet und trinket alle daraus: Das ist der Kelch des Neuen und Ewigen Bundes, mein Blut, das für euch und für alle vergossen wird zur Vergebung der Sünden." Zum Schluss sagte Jesus zu seinen Jüngern: „Tut dies zu meinem Gedächtnis!"

An dieses letzte Mahl, das Jesus am Abend vor seinem Tod mit seinen Freunden gehalten hat, denken wir in jeder heiligen Messe. Der Priester wiederholt am Altar die Worte, die Jesus seinen Freunden gesagt hat. Wir hören seine Worte und denken daran, dass Jesus für uns gestorben ist. Wir danken Jesus für seine große Liebe zu uns. Überall auf der Welt versammeln sich Christen, um das heilige Mahl mit Jesus zu feiern. Auch mit uns will Jesus Mahl halten. Wir sollen seinen Auftrag erfüllen: „Tut dies zu meinem Gedächtnis!"

Wozu gibt es einen Altar?

Der Altar ist seit jeher in der Kirche ein Zeichen für die Gemeinschaft mit Jesus Christus. Auf ihm wird Jesus Christus für uns gegenwärtig. Darum küsst der Priester zu Beginn und am Ende der heiligen Messe den Altar. Darum verneigen sich vor ihm die Ministrantinnen und Ministranten während des Gottesdienstes. Am Altar feiert der Priester mit allen, die gekommen sind, das heilige Mahl. Er tut das, was Jesus ihm beim Letzten Abendmahl aufgetragen hat.

Auf dem Altar steht ein Kreuz. Das Kreuz erzählt uns von Jesus Christus, dem Sohn Gottes. Auch schöne Blumen und große Kerzen stehen auf dem Altar. Blumen sind ein lebendiges Zeichen der Freude. Wir freuen uns, dass Gott unter uns ist. Die Kerzen werden beim Gottesdienst angezündet. Sie machen unser Zusammensein schön und feierlich.

Warum beten wir zu Gott?

Beten – was heißt das?

Das will ich dir mit einer kleinen Geschichte erklären: Nach dem Abendessen geht Christine ans Fenster. Ganz dicht tritt sie an die Blume heran, die dort steht. Sie atmet den Duft ein. Sie streicht mit ihren kleinen Fingern behutsam über die weichen Blütenblätter.

Am liebsten möchte sie die Blume umarmen. Ganz leise flüstert sie: „Danke, lieber Gott, für die schöne Blume!" „Mama, heute habe ich schon gebetet", sagt Christine, als die Mutter sie ins Bett bringt.

Beten heißt: das Herz für Gott öffnen und mit ihm sprechen. Gott ist nicht im Lärm zu hören, sondern nur in der Stille. Er kann in einer Blume zu dir sprechen oder in einem Marienkäfer oder in einem Geschenk, das dir Freude macht ...

Du kannst Gott danken für alles Gute und Schöne, das dir täglich begegnet. Du kannst Gott aber auch bitten, dass er dir hilft. Er weiß, was für dich gut ist. Manchmal hilft es auch schon, dass du Gott gesagt hast, was dich bedrückt. Danach fühlst du dich schon wieder viel besser.

Wie können wir mit Gott sprechen?

Es ist wichtig, dass wir mit Gott sprechen, das heißt beten. Nur wer mit Gott spricht, hält die Freundschaft mit ihm aufrecht. Ohne Gespräche geht jede Freundschaft kaputt – die zwischen uns Menschen und die zwischen uns und Gott. Wenn du zum Beispiel mit deinem Freund oder deiner Freundin nicht mehr sprichst, dann wirst du ihn bzw. sie bald verlieren.

So ist es auch zwischen dir und Gott. Wir können mit dem lieben Gott so sprechen wie mit unserem besten Freund oder wie mit unseren Eltern und Geschwistern. Wir können ihm erzählen, was wir erlebt haben, worüber wir uns besonders freuen und was uns große Angst macht. Wir können ihm danken für alles Schöne und wir können ihn um alles bitten, was uns Kummer und Sorgen bereitet. Denn er hat uns lieb. In einem kleinen Gedicht heißt es: „Ich will danken für das Wasser, / für den Wind, der mich umweht, / für die Pflanzen, Tiere, Menschen, / für mich selbst – das ist Gebet."

Besonders am Abend können wir Gott im Gebet Dank sagen für alles, was am Tag schön war und was er für uns getan hat. Ein Dankgebet am Abend könnte zum Beispiel so lauten: „Lieber Gott, ich habe ein wunderschönes Bett. Bevor ich jetzt einschlafe, kuschle ich mich unter die weiche Bettdecke. Das finde ich klasse. Ich freue mich, dass ich ein so schönes Zuhause habe. Danke, lieber Gott!"

Hilft beten, wenn ich Angst habe?

Darauf antworte ich dir mit einem klaren Ja. Gott hilft dir, wenn du dich ganz auf ihn verlässt. Er steht dir zur Seite, wenn du dein ganzes Vertrauen auf ihn setzt. Er steht dir bei, wenn du ihn in der Not bittest: „Guter Vater, bitte hilf mir in meiner Angst!"

Auch die Freunde von Jesus hatten einmal schreckliche Angst. Der Evangelist Matthäus hat uns die schöne Geschichte vom „Sturm auf dem See" erzählt: Die Jünger waren mit Jesus in einem Boot auf den See Gennesaret hinausgefahren. Jesus hatte sich schlafen gelegt. Da zog plötzlich ein Unwetter auf und ein gewaltiger Sturm brach auf dem See los. Das Boot wurde durch die starken Wellen hoch- und niedergeschleudert. Da traten die Jünger zu Jesus und weckten ihn auf. Sie sagten zu ihm: „Herr, rette uns, wir gehen unter!" Jesus antwortete ihnen: „Ihr braucht keine Angst zu haben. Ich bin bei euch. Das wisst ihr doch!" Dann stand Jesus auf, drohte dem Wind und dem See und es trat eine große Stille ein.

Die Jünger staunten, dass sich der gewaltige Sturm plötzlich legte. Sie waren froh und glücklich und kamen sicher mit ihrem Boot ans Ufer.

Wenn du einmal Angst hast, darfst auch du dich an Gott wenden und ihm sagen, was dir auf dem Herzen liegt. Vielleicht kann dir dabei dieses kleine Gebet eine Hilfe sein: „Wo ich gehe, wo ich stehe, bist du, lieber Gott, bei mir. Wenn ich dich auch niemals sehe, weiß ich sicher: Du bist hier. Ich danke dir dafür."

Kann Gott mich überhaupt hören?

Ja. Gott hört alles, was du ihm sagst. Er hat dich sehr lieb und ist immer für dich da. Und darum kannst du ihm alles sagen, was dir auf dem Herzen liegt. Überall, wo du bist, kannst du mit ihm sprechen. Wir sagen dazu auch beten.

Du kannst Gott danken für die vielen schönen Dinge, die er dir jeden Tag schenkt: für deine Eltern, die dich gern haben und jeden Tag für dich sorgen; für deine

Geschwister, die dich mögen und mit denen du dich gut verstehst; für deine Freunde, die gerne mit dir spielen; für die Sonne, die dich wärmt und fröhlich macht; für Mond und Sterne, die so schön am Himmel leuchten; für das gute Essen und Trinken, das du zu Hause bekommst; für alles Schöne, das du täglich erlebst ...

Gott ist unser guter Vater. Und einem guten Vater kannst du alles erzählen. Er hört dir gerne zu. Du kannst ihn immer um alles bitten, was dir Sorgen und Kummer bereitet. Du kannst auch für andere Menschen bitten: für Kranke, die wieder gesund werden möchten; für Kinder und Erwachsene, die nicht genug zu essen haben; für Einsame, die keinen Menschen haben. Du kannst auch bitten für den Frieden in der Welt.

Dein großes Vorbild kann Jesus sein. Auch Jesus hat immer wieder gebetet. Oft ging er an einen einsamen Ort, zum Beispiel auf einen Berg, um dort mit Gott zu sprechen. Nach dem Gebet war Jesus immer froh und glücklich. Als seine Freunde ihn fragten, wie sie beten sollten, nannte er ihnen das „Vaterunser". Vielleicht kennst du dieses Gebet schon. Dieses Gebet beten alle Christen gemeinsam.

Woher stammt das Vaterunser?

Eines Tages sagten die Jünger zu Jesus: „Meister, wir möchten auch so beten können wie du! Sag uns doch, wie wir das machen müssen! Bitte, lehre uns beten!" Daraufhin brachte Jesus den Jüngern das Vaterunser bei. Er sprach zu ihnen: „Wenn ihr betet, so sagt: Vater unser im Himmel. Geheiligt werde dein Name. Dein Reich komme. Dein Wille geschehe, wie im Himmel so auf Erden. Unser tägliches Brot gib uns heute. Und vergib uns unsere Schuld, wie auch wir vergeben unseren Schuldigern. Und führe uns nicht in Versuchung, sondern erlöse uns von dem Bösen. Denn dein ist das Reich und die Kraft und die Herrlichkeit in Ewigkeit. Amen." (Vgl. Lukas 11,1-4; Matthäus 6,9-13)

Das Vaterunser ist das schönste Gebet, das wir Christen besitzen. Wenn du es noch nicht kannst, bitte deine Eltern (Großeltern, Erzieher), dass sie es dir immer wieder vorbeten.

Welche wichtigen kirchlichen Feste feiern wir?

Was ist ein Kirchenjahr?

Das Kirchenjahr erinnert Christen an das, was Gott für sie Gutes getan hat. Es beginnt mit der Adventszeit. Advent heißt Erwartung der „Ankunft". Wir warten auf die Ankunft von Jesus. An Weihnachten feiern wir seinen Geburtstag. Wir freuen uns über Jesus, das große Geschenk, das Gott uns gemacht hat.

Nach den „tollen Tagen“ im Februar oder März folgt die Fastenzeit (österliche Bußzeit), die Zeit der Vorbereitung auf das Osterfest. Sie beginnt am Aschermittwoch. Viele Christen gehen an diesem Tag in die Kirche und lassen sich Asche auf den Kopf streuen. Sie werden daran erinnert, dass alles Schöne in dieser Welt einmal ein Ende hat. Ostern ist das Fest der Auferstehung Jesu. Die Ostereier erinnern daran. Sie sind Zeichen für das neue Leben. Jesus ist nicht tot. Er lebt, er ist auferstanden. Das Fest Christi Himmelfahrt sagt es noch einmal: Jesus lebt nun für immer bei Gott. Zu Pfingsten feiern wir Christen das Fest des Heiligen Geistes. Wir beten darum, dass uns Gottes Geist für unser Leben Kraft und Mut schenkt.

Am Fest Allerheiligen (1. November) danken wir Gott für alle Heiligen, die er seiner Kirche geschenkt hat. Einen Tag später ist das Fest Allerseelen. Da besuchen viele Menschen die Gräber ihrer verstorbenen Angehörigen und Freunde. Sie beten für sie und denken daran, dass sie alle einmal sterben müssen. Aber sie haben eine Hoffnung: Gott hat Jesus vom Tode zum Leben erweckt. Er wird auch die Menschen, die an ihn glauben, zu einem neuen Leben auferstehen lassen.

Was bedeutet „Weihnachten“?

Weihnachten ist ein großes, ein frohes Fest. Die Christen in Rom feierten es im vierten Jahrhundert zum ersten Mal. In alter deutscher Sprache heißt die „Heilige Nacht“ übersetzt „wihe nacht“. Daraus wurde das Wort „Weihnacht(en)“. Das bedeutet: Keine andere Nacht ist so heilig wie die, in der Jesus geboren wurde.

An Weihnachten feiern wir den Geburtstag von Jesus. Jesus wurde vor über 2000 Jahren in einem Stall in der Nähe der Stadt Betlehem geboren. Engel verkündeten den Hirten, die auf den umliegenden Feldern ihre Schafe hüteten, die frohe Botschaft: „Jesus ist auf die Welt gekommen!" Die Hirten eilten sofort zum Stall und beteten das neugeborene Kind an (Lukas 2,1-20). Die Freude war damals riesengroß: bei Maria und Josef, bei den Hirten, bei den Engeln und später auch bei den drei Weisen, die aus dem Morgenland zur Krippe nach Betlehem kamen.

So ist es bis heute geblieben. Auch wir freuen uns darüber, dass Jesus als Kind auf die Erde gekommen ist. Der Name Jesus bedeutet „Retter" oder „Erlöser". An Weihnachten machen wir es uns zu Hause besonders schön. Wir schmücken unsere Wohnungen mit einem Christbaum. Unter den Christbaum legen wir am Heiligen Abend die Geschenke, mit denen wir uns gegenseitig eine Freude machen. Denn Gott hat uns eingeladen, einander Zeichen der Liebe zu geben. Wir freuen uns über Jesus, das große Geschenk, das Gott uns gemacht hat.

Woran erinnert uns Pfingsten?

Pfingsten ist das Fest des Heiligen Geistes. Das Wort ist von dem griechischen „pentecoste" (fünfzig) abgeleitet. Fünfzig Tage nach Ostern erinnern wir uns daran, wie Jesus seinen Jüngern seinen Geist geschickt hat.

Die Bibel erzählt uns, wie es beim ersten Pfingstfest war: Die Jünger, die Freunde von Jesus, waren in Jerusalem zu einem Fest versammelt. Plötzlich erfüllte ein Sturm das Haus. Die Jünger spürten die Kraft Gottes – den Heiligen Geist – und sie begannen, in verschiedenen Sprachen von Jesus und Gott zu reden. Es war wie ein Wunder. Menschen aus vielen Ländern konnten verstehen, was sie sagten (nach Apostelgeschichte 2,1-13).

Am Pfingstfest trägt der Priester beim Gottesdienst ein rotes Messkleid. Rot ist in der Kirche die Farbe des Heiligen Geistes. Wir bitten um den Geist Gottes und beten: „Komm, o Geist der Heiligkeit, aus des Himmels Herrlichkeit!" Pfingsten ist ein Fest der Freude. Die Kirchen sind festlich geschmückt. Die Menschen zieht es hinaus ins Freie: Sie machen zusammen Ausflüge, Prozessionen und Pfingstspiele. An manchen Orten trifft man sich mit Verwandten und Freunden zu einem Pfingstfeuer.

In Oberbayern und den Alpenländern wird am Pfingstsonntag das Vieh auf die Alm und die Weide getrieben. Der mit Blumen festlich geschmückte Pfingstochse führt den Zug an. In Niederbayern und im Bayrischen Wald gibt es noch heute farbenprächtige Pfingstumritte.

Was ist Fronleichnam?

Fronleichnam – ein Fest am Donnerstag nach Dreifaltigkeit – ist ein schwieriges Wort. Es kommt aus dem Althochdeutschen: Fron bedeutet „Herr", liknam „Leib", also Leib des Herrn. Dem Leib Jesu, gegenwärtig im heiligen Brot (Hostie), folgen Kinder und Erwachsene singend und betend in einer langen Prozession. Die Häuser sind mit Blumen und Tüchern, Bildern und Fahnen geschmückt. An den Straßen stehen Birkenbäume mit kleinen Fähnchen. Blumenteppiche zieren die Altäre, an denen die Prozession Halt macht.

Vor jedem Altar hält der Priester an und betet. Er zeigt uns in einer Monstranz (lateinisch: monstrare heißt „zeigen") das heilige Brot und segnet uns. Wir beten Jesus im heiligen Brot an. Wir danken ihm, dass er uns darin nahe ist. Wir bitten ihn, immer mit uns zu gehen.

Warum gibt es das Böse in der Welt?

Warum lässt Gott Kriege zu?

Wenn wir ehrlich sind, dann müssen wir zugeben, dass wir es nicht wissen und auch nicht verstehen können. In den Fernsehnachrichten sehen wir, wie schlimm Kriege sind. Da gehen Menschen mit Panzern und Waffen aufeinander los. Da werfen Flugzeuge Bomben ab und zerstören Städte und Dörfer. Da werden Unschuldige erschossen.

Die Menschen versprechen sich von ihrem bösen Tun Vorteile. Sie wollen mehr Macht, mehr Land oder mehr Reichtum. Darum fangen sie Kriege an und fügen anderen Menschen schlimmes Leid zu. Viele gläubige Menschen, auch die Christen, vertrauen auf Gott, dass er für uns Menschen nur das Gute will. Sein Sohn Jesus Christus ist dafür mit seinem Leben geradegestanden.

Gott hat den Menschen die Kraft der Liebe gegeben. Er hat ihnen durch Jesus Christus gesagt, dass sie gut miteinander umgehen sollen. Er hat ihnen das schöne Geschenk der Freiheit gegeben. Aber viele Menschen kümmern sich nicht um die Gebote und den Willen Gottes. Wir sagen, sie leben gottlos, wenn sie nur Böses im Sinn haben.

Du kannst Gott bitten, er möge mithelfen, dass nicht mehr so viele Menschen gegeneinander Kriege führen. Du kannst ihm auch versprechen, dass du immer mit anderen Frieden halten willst, dass durch dich niemand traurig werden soll.

Warum müssen wir umkehren?

Wir müssen immer wieder umkehren, wenn wir einen Fehler gemacht haben. Und Fehler machen alle Menschen. Wir sagen etwas, was nicht wahr ist. Wir tun jemand absichtlich weh oder nehmen ihm etwas weg. Wir sind unfolgsam, wir streiten mit Eltern, Geschwistern, Kameraden und Freunden oder wir sind neidisch ...

Kein Mensch ist vollkommen, kein Erwachsener und kein Kind. Wichtig ist nur, dass wir, wenn wir etwas falsch gemacht haben, umkehren und um Verzeihung bitten. Das heißt, dass wir den Mut haben, unsere Fehler zuzugeben; dass wir Gott sagen, dass es uns leidtut, was wir angestellt haben. Wenn wir das tun, dann verzeiht uns Gott auch. Denn keiner liebt uns so wie er.

Umgekehrt ist auch der jüngere Sohn in der biblischen Geschichte vom gütigen Vater, die Jesus einmal seinen Jüngern erzählt hat. Als der Sohn sein Geld draußen in der Welt leichtsinnig mit Freunden verjubelt hatte, kehrte er reumütig in sein Elternhaus zurück. Er sagte zu seinem Vater: „Vater, ich habe viel Böses getan. Ich bin nicht wert, dass du Sohn zu mir sagst." Der Vater umarmte seinen Sohn und verzieh ihm alles, was er getan hatte. Er rief seine Diener zusammen. Sie mussten dem Sohn frische Kleider bringen und ihm einen Ring an den Finger stecken. Dann wurde ein Kalb geschlachtet. Und der Vater sagte: „Mein Sohn war verloren, jetzt aber habe ich ihn wiedergefunden." Dann feierten sie miteinander ein großes Freudenfest (Lukas 15,11-24).

Was ist eine Sünde?

Das Wort „Sünde" ist ein seltsames Wort. Es klingt ein bisschen nach alten Zeiten, und wir benützen es ja sonst auch kaum. Aber das Wort steht überall in der Bibel, und wir hören es auch immer wieder in der Kirche, im Religionsunterricht oder im Kindergottesdienst.

Eine Sünde besteht darin, dass ich etwas tue oder rede, was nicht in Ordnung ist. Es ist eine Sünde, wenn ich selbst viel zu essen habe und den Menschen nicht helfe, die hungern müssen. Es ist eine Sünde, wenn ich jemandem absichtlich wehtue oder ihm etwas wegnehme, ohne dass er mir etwas getan hat. Es gibt keinen Menschen, der nicht immer wieder einmal sündigt.

Die Sünde zerstört unsere vertrauensvolle, freundschaftliche Beziehung zu Gott, die von diesem gewollt ist. Die Sünden sind oft eine Folge eines Lebens ohne Freundschaft zu Gott oder auch ein Bruch der Freundschaft mit Gott. Das, was wir unseren Mitmenschen Böses antun, tun wir auch Gott an, da alle Menschen von Gott geschaffen sind.

Gottes Liebe ist unendlich groß. Besonders beim Abendgebet kannst du Gott sagen, was am Tag nicht gut gewesen ist. Vielleicht hattest du Streit mit deinem Freund. Er hat dich nur ein bisschen geärgert, und du hast ihm dann eine runtergeschlagen. Du kannst dem lieben Gott sagen, dass es dir leidtut und dass du es wieder in Ordnung bringen willst.

Was können wir für den Frieden tun?

Der Krieg ist etwas Schlimmes. Da werden Häuser und Straßen, Flughäfen und Felder mit Raketen zerstört. Da müssen viele, viele Menschen sterben, auch Kinder. Unzählige Menschen werden verwundet. Ihr ganzes Leben bleiben sie behindert und müssen Schmerzen und Krankheiten ertragen.

Auch Kinder machen manchmal Krieg. Sie schreien einander böse Schimpfworte zu. Sie bewerfen einander mit Stöcken und Steinen. Sie machen alles kaputt, was andere aufgebaut haben. Sie schlagen und prügeln sich. Manche setzen sich auch vor den Fernseher und Computer und schauen sich Filme und Spiele an, in denen gezeigt wird, wie Menschen einander töten oder misshandeln.

Jesus hat gesagt: „Selig sind die Menschen, die Frieden schaffen." Vor allem Christen sollen dafür sorgen, dass es keine Kriege mehr gibt und dass Frieden herrscht. Sie sollen sich dafür einsetzen, dass die Güter dieser Welt gerecht verteilt werden. Sie sollen daran mitwirken, dass niemand mehr unterdrückt, gefoltert und verfolgt wird. Wer mit Jesus auf dem Weg ist, soll ein Friedensbringer sein.

Jesus hat sogar gesagt: „Liebt eure Feinde!" Das ist natürlich besonders schwer. Aber es ist der einzige Weg zum Frieden. Jesus hat uns diesen Weg gezeigt. Wenn alle Menschen unsere Freunde sind, dann gibt es keinen Krieg mehr. Dann wird es schön sein in der Welt. Dann brauchen wir keine Angst mehr voreinander zu haben. Jesus hat gesagt: „Meinen Frieden gebe ich euch." Der wahre und endgültige Friede ist ein Geschenk Gottes.

Warum ist Verzeihen so wichtig?

Das hast du sicher auch schon so ähnlich erlebt: Simon hat sich beim Spielen über seinen Freund geärgert: „Du Esel: Du bist ja blöd!" Und vor lauter Zorn hat er alles kaputtgemacht, was beide vorher miteinander aufgebaut haben. Dann ist er fortgelaufen – mit einer furchtbaren Wut im Bauch. Aber schon am Abend tat es Simon leid: „Ich hätte mich nicht so benehmen dürfen. Ob mein Freund mir noch böse ist? Wie kann ich es nur machen, dass alles wieder gut wird?" Am nächsten Morgen ist er etwas schüchtern und unsicher auf Tobias zugegangen, hat ihm die Hand entgegengestreckt und gefragt: „Bist du noch böse auf mich? Es tut mir leid." Da hat Tobias die Hand seines Freundes genommen und gesagt: „Schon gut. Ich bin dir nicht mehr böse. Spielen wir heute Nachmittag wieder?"

Gott will, dass wir einander verzeihen, dass wir zueinander gut sind. Wenn wir daran denken, dass Gott uns immer verzeiht, dann fällt es uns auch leichter, anderen zu verzeihen.

Gibt es ein Leben
nach dem Tod?

Warum müssen so viele Menschen verhungern?

Es gibt viele Menschen, die jeden Tag hungern und verhungern. Sie leben in Ländern, die arm sind und in denen die Menschen oft in Kriege verwickelt sind. Es ist schlimm, wenn Erwachsene und Kinder nicht wissen, ob sie jeden Tag genug zu essen und zu trinken haben. Im Fernsehen sehen wir oft schreckliche Bilder von armen, hungernden und verhungerten Menschen.

Wir können uns das oft gar nicht vorstellen, wie das ist, wenn Menschen hungern müssen. Wir wohnen in einem Land, das im Wohlstand lebt. Wir haben Geld und können uns jeden Tag in den Geschäften kaufen, was wir essen oder trinken möchten. Und wenn wir satt sind, werfen wir oft weg, was übrig geblieben ist.

Gott will, dass wir Menschen in den wohlhabenden Ländern mit denen in den armen Ländern teilen. Wir müssen denen, die nicht genug zu essen und trinken haben, helfen mit unserem Geld und mit unserem Wissen. Wir müssen ihnen zeigen, wie man tiefe Brunnen gräbt, Land bewässert oder Land mit Maschinen bebaut.

Die kirchlichen Hilfswerke rufen uns immer wieder auf, für die Not leidenden Menschen zu spenden. Gott hat auf der Erde so viel erschaffen, dass es für alle reicht. Er hat uns Verstand und Fantasie gegeben, dass wir die ess- und trinkbaren Güter dieser Welt vernünftig und gerecht untereinander verteilen. Wenn Menschen zusammenhalten und sich füreinander verantwortlich fühlen, dann ist es einfach schöner auf der Welt. Wer andere beschenkt, beschenkt sich selbst am meisten.

Wo ist jetzt meine tote Oma?

Der tote Körper deiner Oma liegt unter der Erde auf dem Friedhof. Omas Augen können nicht mehr sehen, ihre Ohren nicht mehr hören, ihre Hände und Füße sich nicht mehr bewegen. Oma kann nicht mehr atmen und ihr Herz schlägt nicht mehr. Aber niemand weiß genau, wie das ist, wenn man tot ist. Der Tod ist für alle Menschen ein großes Geheimnis.

Wir Christen (aber auch andere Religionen) sagen, dass der Mensch, wenn er stirbt, ein neues Leben bei Gott erhält. Deshalb glauben wir daran, dass deine Oma jetzt bei Gott ist. Bei ihm hat sie es gut. Sie kann nun für immer in der Gemeinschaft mit Gott froh und glücklich sein.

Ihren Körper braucht sie jetzt nicht mehr. Dieser hat seine Aufgabe im Leben erfüllt. Wenn ein Mensch wie deine Oma stirbt, ist das ähnlich wie bei einem Schmetterling. Erst ist der Schmetterling eine Raupe.

Doch eines Tages entwickelt sich aus der Raupe ein schöner Schmetterling. Eine leere Hülle (wie der tote Körper deiner Oma auf dem Friedhof) bleibt zurück und der schöne Schmetterling fliegt über die Blumenwiese und ist glücklich.

Du solltest gelegentlich für deine tote Oma zum lieben Gott beten. Vielleicht so oder ähnlich: „Lieber Gott, ich glaube, dass meine Oma jetzt bei dir ist und dass es ihr da gut geht. Lass sie für immer bei dir glücklich sein! Hilf mir, dass ich über den Tod meiner Oma nicht mehr traurig bin!"

Gibt es ein Leben nach dem Tod?

Alles, was auf der Erde lebt, muss eines Tages sterben. Daran können wir nichts ändern. Das ist ein Gesetz. Die Pflanzen, zum Beispiel die Blumen, sterben, wenn ihre Blüten abfallen, die Blätter welk werden und nur noch ein trockener Stängel übrig bleibt. Die Tiere sterben spätestens dann, wenn sie alt geworden sind und keine Nahrung mehr aufnehmen können. Auch wir Menschen müssen eines Tages sterben. Manche Menschen sterben früh, weil sie schwer krank

sind oder weil sie bei Katastrophen oder Verkehrsunfällen verunglücken. Manche Menschen werden sehr alt. Sie sterben, wenn ihr Körper gebrechlich geworden ist und nicht mehr weiterleben kann. Das Herz hört dann auf zu schlagen. Und wenn das Herz zu schlagen aufhört, ist das Leben endgültig zu Ende.

Als Christen glauben wir, dass mit dem Tod nicht alles zu Ende ist. Wir glauben, dass wir nach unserem Leben auf der Erde bei Gott weiterleben dürfen. Wir glauben, dass wir für immer bei ihm glücklich und froh sein dürfen. Jesus hat uns das versprochen. Und wir wissen: Jesus hält, was er verspricht!

An Allerseelen (oder schon am Nachmittag des Allerheiligentages) besuchen wir die Gräber unserer Verstorbenen auf dem Friedhof. Die Gräber sind dann mit vielen Blumen und Kränzen geschmückt. Wir zünden die Kerzen in den Grablaternen an und geben Weihwasser auf das Grab. Blumen, Licht und Wasser sind Zeichen der Hoffnung. Wir hoffen, dass unsere Verstorbenen das ewige Leben haben werden.

Gibt’s im Himmel auch Pizza?

Ich glaube, dass es dort keine Pizza gibt, auch kein Brot und keine Brötchen zum Frühstück und kein Himbeereis mittags zum Nachtisch. Warum? Weil wir diesen unseren Körper nicht mehr haben, den wir mit Essen und Trinken versorgen müssen. Jetzt auf der Erde ist das anders. Wir müssen jeden Tag essen und trinken, weil unser Körper das braucht. Wenn wir mit dem Essen und Trinken aufhören würden, würde unser Körper schwach und krank. Du weißt, wie schlimm das ist, wenn du mal krank bist und dann im Bett liegen musst und nicht nach draußen zum Spielen kannst!

Wenn wir Menschen sterben, bedeutet das, dass unser Körper nicht mehr weiterleben kann. Der tote Körper wird dann auf den Friedhof getragen und dort in die Erde gelegt.

Im Glauben wissen wir, dass wir Menschen im Augenblick des Todes zu Gott kommen. Wir kommen in die Gemeinschaft mit Gott. Es ist ein ganz neues Leben, das wir jetzt aber noch nicht kennen. Kein Mensch weiß, was nach dem Tod kommt. Es ist noch kein Toter wieder zurückgekommen, um es uns zu erzählen. Da wir also im Himmel unseren jetzigen Körper nicht mehr haben, brauchen wir auch keine Pizza, kein Brot und kein Eis mehr. Wir werden nur noch glücklich sein, und zwar viel glücklicher, als wir es hier auf der Erde sein konnten.

Lässt Gott die Welt auch wieder aufhören?

Das wird bestimmt einmal passieren. So wie das Leben jedes Menschen einmal zu Ende geht, so wird es auch einmal mit unserer Welt zu Ende sein.

Wann die Welt einmal aufhören wird zu existieren, das wissen wir nicht. Die Welt kann noch viele Millionen Jahre bestehen bleiben. Und es kann sich noch vieles Neue in ihr entwickeln. Aber alles, was entstanden ist, vergeht auch. Die Pflanzen müssen sterben. Die Tiere müssen sterben. Und auch die Menschen müssen sterben.

Wir Menschen sind inzwischen so mächtig geworden, dass wir ein Ende der Welt auch selber herbeiführen können. Es gibt so viele und so furchtbare Waffen auf der Erde, dass das jederzeit möglich ist. Und viele Menschen merken gar nicht, wie sie ganz langsam die Erde zerstören, indem sie die Luft vergiften, das Trinkwasser verschmutzen oder die Pflanzen und Tiere vernichten. Darum müssen wir alles tun, dass die Welt nicht durch unsere Hände kaputtgeht.

Es ist aber nicht so, dass die Welt einfach ins Dunkle abstürzt. Als Christen glauben wir, dass am Ende der Welt ein neuer Himmel und eine neue Erde kommen werden. Die neue Schöpfung wird voller Glück und Freude sein. Niemand wird mehr Angst haben. Niemand wird mehr allein sein. Dann treffen wir alle Menschen wieder, die vor uns gelebt haben. Es wird keinen mehr geben, dem etwas mehr wehtut. Wir sehen Gott und verstehen alle Rätsel auf der Welt. Alle sind vereint in der Liebe Gottes.

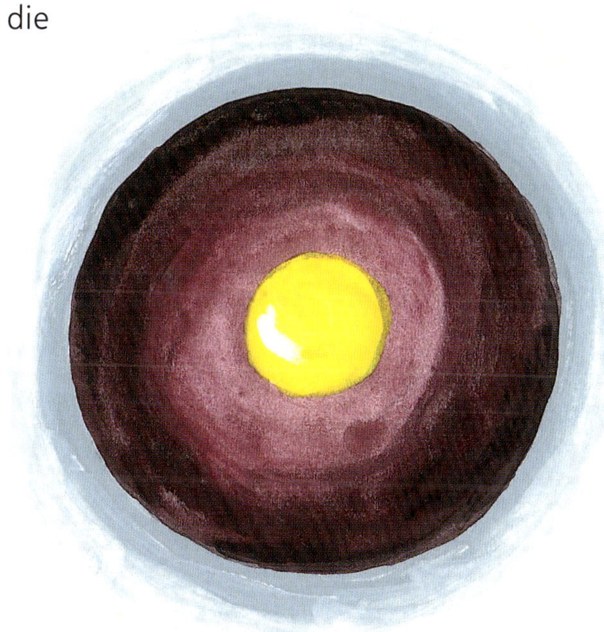

www.bibelwerk.de

ISBN 978-3-460-28059-5

Gesamtgestaltung: www.summerer-thiele.de
Reproduktionen: media-office, Kornwestheim
Druck/Bindung: Ludwig Auer GmbH, Donauwörth